Todos los libros de Linkgua Ediciones cuentan con modelos de Inteligencia Artificial entrenados por hispanistas. Pregúntale al chat de tu libro lo que desees acerca de la obra o su autor/a.

Para ebooks: Accede a nuestro modelo de IA a través de este enlace.

Para libros impresos: Escanea el código QR de la portada con tu dispositivo móvil.

Obtén análisis detallados de nuestros libros, resúmenes, respuestas a tus preguntas y accede a nuestras ediciones críticas generativas para una experiencia de lectura más enriquecedora.
La transparencia y el respeto hacia la autoría de las fuentes utilizadas son distintivos básicos de nuestro proyecto. Por ello, las respuestas ofrecen, mediante un sistema de citas, las fuentes con las que han sido elaboradas.

Vicente Espinel

Poemas

Barcelona 2024
Linkgua-ediciones.com

Créditos

Título original: Poemas.

e-mail: info@linkgua.com

Diseño de la colección: Michel Mallard.

ISBN rústica ilustrada: 978-84-9007-274-5.
ISBN tapa dura: 978-84-1126-693-2.
ISBN ebook: 978-84-9953-409-1.

Sumario

Brevísima presentación

La vida

Vicente Espinel (1550-1624). España.

Nació en Ronda, provincia de Málaga y allí estudió letras y música. Más tarde fue a la Universidad de Salamanca durante los disturbios escolares provocados por el proceso de fray Luis de León.

Hacia 1587 obtuvo un beneficio en Roma; y en Granada (1589), donde se graduó de bachiller en artes. Diez años después consiguió el título de maestro de artes en la Universidad de Alcalá y ocupó una plaza de capellán en Madrid, en la capilla del obispo de Plasencia.

Espinel viajó mucho, y en uno de sus viajes fue hecho prisionero en Argel por los piratas. Liberado luego por los genoveses, sirvió tres años en Italia como militar.

De vuelta a su tierra, tuvo mucho prestigio como poeta y músico, y se le atribuye la inclusión de la quinta cuerda a la guitarra. Aunque escribió en las principales formas poéticas de su tiempo, alcanzó con la décima, conocida también con el nombre de «espinela», un nivel insuperable.

Espinel además escribió en prosa, y es célebre por la novela picaresca *La vida del escudero Marcos de Obregón*, en la que se inspiró más tarde el autor francés Lesage para escribir su *Gil Blas de Santillana.*

Su amigo Lope De Vega, dijo de él que era «único y sin igual en la música».

Octavas

Nuevos efetos de milagro extraño
nacen de tu valor, y hermosura,
unos atentos a mi grave daño,
otros a un breve bien que poco dura:
De tu valor resulta un desengaño,
que el suyo le deshace a la ventura,
mas el semblante regalado y tierno
promete gloria en medio deste infierno.

Esa beldad que adoro, y por quien vivo
¡Dulcísima señora! en mí es de suerte,
que al más terrible mal, áspero, esquivo
en una gloria inmensa lo convierte.
Mas la severidad del rostro altivo,
y ese rigor igual al de la muerte
con solo el pensamiento, y la memoria
promete infierno en medio desta gloria.

Y este miedo que nace tan cobarde
de tu valor, y mi desconfianza
el fuego hiela, cuando en mí más arde,
y las alas derriba a la esperanza:
Mas llega tu beldad haciendo alarde,
destierra el miedo, pone confianza,
alegra el alma, y con un gozo eterno
promete gloria en medio deste infierno.

Bien pudiera, gallarda Ninfa mía,
perder tu gravedad de su derecho,

y el perpetuo rigor, que en ti se cría
desamparar un rato el blanco pecho:
que aunque tiene tu talle, y gallardía
lleno de gloria el mundo, y satisfecho,
ese rigor, y gravedad notoria,
promete infierno en medio desta gloria.

Vuelvo los ojos do contemplo, y miro
el áspero rigor con que me tratas,
de temor tiemblo, y de dolor suspiro
viendo la sinrazón con que me matas:
a veces ardo, a veces me retiro,
mas todos mis intentos desbaratas,
que solo uno no sé qué del pecho interno
promete gloria en medio deste infierno.

Negar que la apariencia del hidalgo
pecho, que en mi favor siempre se muestra,
no me levanta a más de lo que valgo,
y a nueva gloria el pensamiento adiestra,
jamás podré, si de razón no salgo;
más esme la fortuna tan siniestra,
que pervertiendo el fin desta vitoria
promete infierno en medio desta gloria.

Sonetos

1

Durar no puede, en tanta desventura
un corazón de padecer cansado,
que a mal tan importuno, y obstinado
no basta la paciencia, ni cordura:

Y si el deseo con mi daño dura.
y huelgo de vivir desesperado,
es por llegar a ver si muda estado
esta tu condición áspera, y dura.

Extiende un poco la encogida mano
liberal, franca a esta ánima mezquina,
que ofende a tu valor ser desdeñosa:

Y si tanto pensar me sale en vano,
aunque todos te adoren por divina,
ninguno te querrá por rigurosa.

2

No hay en mis males hora de descanso,
ni algún alivio en mi dolor inmenso:
y si por descansar alguno pienso,
do lo pensé hallar menos descanso.

Si con imaginar mis fuerzas canso,
discurriendo en mis males por extenso,
vengo a quedar atónito, y suspenso,
mas no por eso mi tormento amanso.

Si la imaginación algo se esfuerza
por darme un bien fantástico, y esquivo,
huye ligero por diversos modos.

Mirad cuán flaca, y miserable fuerza,
y en cuán desesperado estado vivo,
pues que me falta lo que sobra a todos.

3

Oscura nube los sentidos cubre,
falta el aliento, el corazón desmaya,
el mal se esfuerza, el alma tiene a raya,
la secreta pasión Liseo descubre.

Causa el grave dolor, que la salubre
sangre huyendo de las venas vaya,
sin que respeto en los suspiros haya,
ni en otros actos que vergüenza encubre.

Hasta que del cerebro destilado
el llanto rompe, y en el paso estrecho
de Célida mirando la luz pura,

¿Partida es ésta? (dijo), y de un helado
sudor cubierto, y anhelante el pecho,
con la espalda midió la tierra dura.

4

Alguna vez a su pesar levanto
de la antigua pasión al pensamiento,
por ver si con el curso, y movimiento
crece el tormento, o mengua tanto cuanto.

Y está tan hecho a su importuno llanto,
cortado a su medida el sufrimiento,
que no hay braveza de contrario viento,
que en él engendre alteración, ni espanto:

Y es la razón, porque mis graves daños,
tan en su punto la ocasión los puso,
que no pueden crecer haciendo ofensa:

Menguar tampoco, porque en tantos años
se han hecho naturales por el uso
la posesión gozando sin defensa.

5

Estas son las reliquias, fuego, y hielo
con que lloré y canté mi pena, y gloria
que pudieran ¡oh España! la memoria
levantar de tus hechos hasta el cielo.

Llevóme un juvenil furioso vuelo
por una senda de mi mal notoria,
hasta que puesto en medio de la historia
abrí la vista, y vi mi amargo duelo.

Mas retiréme a tiempo del funesto,
y estrecho paso, do se llora, y arde,
ya casi en medio de las llamas puesto,

Que aunque me llame la ocasión cobarde,
más vale errando arrepentirse presto,
que conocer los desengaños tarde.

6 En el Abril de mis floridos años,
cuando las tiernas esperanzas daba
del fruto, que en mi pecho se ensayaba,
para cantar mis bienes, y mis daños,

So especie humana, y disfrazados paños
se me ofreció una idea, que volaba
con mi deseo igual, mas tanto andaba,
que conocí de lejos mis engaños:

Porque, aunque en el principio iguales fueron
mi pluma, y su valor en competencia
Llevando el uno al otro en alto vuelo,

A poco rato mis sentidos vieron,
que a su ardor no haciendo resistencia
mi pluma, se abrasó, y cayó en el suelo.

7

Osando temo, estoy helado y ardo,
busco la paz, siguiendo la discordia
soyme contrario, y hallo en mí concordia,
y cuando más me animo, me acobardo.

De lo que emprendo me retiro, y guardo,
y hallo en el rigor misericordia
concierto, y soy la Diosa de discordia,
presuroso a mi mal, y a mi bien tardo.

Fue de elementos el principio mío
más de agua y tierra, que de fuego, y viento,
y agora en fuego me convierte el uso:

Mas aunque ardiente fuego un hielo frío
en mis entrañas engendrarse siento:
¿qué fuego es éste, o qué temor confuso?

8

Duerme el desnudo en la desierta playa,
entre el furor del inclemente Moro,
en la mazmorra el miserable lloro
deja el captivo, cuando más desmaya.

Reposa el otro, aunque perdiendo vaya
por la tierra, y la mar montañas de oro,
descansa el Ciervo, y acosado Toro
debajo el sauce, y la frondosa haya.

Solo ¡ay me! de Sísifo el quebranto
sin declinar mis ojos, y pestañas
al sueño blando paso en llanto eterno.

Y si viene a rendirme el sueño un tanto,
allí siento romperme las entrañas
áspides, tigres, furias del infierno.

9 De hielo os hizo amor, y a mí de fuego,
libre os dejó, haciendo en mí su estancia;
en vos puso el olvido, en mi constancia,
en mí perpetua guerra, en vos sosiego.

Claro se ve de tan trocado juego,
do su pérdida es más que la ganancia,
que la presa de menos importancia
le contentó como a muchacho, y ciego.

Pudiera amor mirar por su provecho
hiriendo a un tiempo el uno, y otro lado,
y así quedara rico, y satisfecho:

Que aunque en el mío el tiro fuera errado,
igualmente viviendo en vuestro pecho
él viviera contento, y yo pagado.

10

Blanco marfil, que del profundo centro
con fuerza natural, que en mí mostraste,
la más subida prenda me arrancaste
que tiene el alma del sentido adentro.

Trasparente cristal, que fuera, y dentro
la compostura del divino engaste
tienes con tanta luz, que no hay quien baste
a tener resistencia al vivo encuentro.

Nevada mano artificiosa, y pura.
del más purificado y excelente
metal del mundo en gran razón compuesta.

Manos en quien las fuerzas de ventura
puestas están: dichoso aquél que siente
en tales manos su esperanza puesta.

11

Mientras la rubia crin al aire ondea
de Febo oscureciendo el claro rayo,
y en la mejilla, y frente el rico Mayo
de flores lleno al corazón recrea,

La luz miraba yo do Amor se emplea,
haciendo al alma un tiro y otro ensayo.
Mas triste digo, y en la cuenta caigo,
¿quién hay que tanto ardor atento vea?

Los ojos bajo al suelo al punto,
temeroso de luz tan peregrina,
y así estuve suspenso un rato en calma:

Mas el daño no vi, que estaba junto,
que de la voz angélica, y divina,
por la oreja me fue herida el alma.

12

Divinas hebras de oro, que del claro
Sol, imitáis en llamas la pureza,
lumbres de grave, y celestial belleza,
a cuyo vivo fuego no hay reparo:

Espíritu gentil, ingenio raro,
gallardo cuerpo, altiva gentileza,
hidalgo pecho, angélica nobleza,
de mi alma refugio, y dulce amparo,

Tales son los efectos que resultan
de la imaginación, y la memoria,
cuando vuestro valor y ser contemplo,

Que mis males, y daños se sepultan,
y vengo a resumir en claro ejemplo,
que todo el padecer se vuelve en gloria.

13 Cogiendo va, y llevando al blanco seno
el apacible fruto deseado
mi amada Ninfa en un hermoso prado
de varias hierbas olorosas lleno.

Unas cogió de suave olor, y ameno,
otras de un gusto dulce, y extremado,
mas con una encontró, que le ha amargado
como si fuera un áspero veneno.

Contra las hierbas encendido en furia
con el pie pisa, y con la mano arranca,
que a la buena ni mala no reserva.

Mas sucedió, que por vengar su injuria
del pie tocado, y de la mano blanca
verdeció el prado, y floreció la hierba.

14

En esta cárcel tenebrosa, y dura,
retrato vivo del horrendo infierno,
de vos ausente por mi mal gobierno,
teniendo en vida estrecha sepultura,

No sé qué pía estrella, o qué ventura,
o voluntad del puro Amor interno
mostró a mi alma el dulce, blando, y tierno
semblante desa luz divina, y pura.

Gozaba deste bien a mis anchuras,
cebando el gusto de una gloria inmensa
mi escura noche en día convertida.

Mas cuán vano es el bien que el hombre
piensa,
que en un instante me he hallado a oscuras,
sin bien, sin gloria, sin regalo y vida.

El bermellón a manchas se mostraba
en el pardo, y azul con vario adorno
del blanco y jalde realzado en torno
sobre Titán, que ya su ardor negaba.

La negra noche a más andar se entraba
del claro día escuro desadorno,
cuando los ojos a una parte tomo
de un alto bien dudoso, que esperaba.

¡Gloria del mundo! digo, y luego veo
de gloria el suelo, calle, y mi alma llenas
de una luz, que salió, que a Febo alcanza.

Alégrate de hoy más, dijo, Liseo,
que quien también amó sufriendo penas,
sabrá estimar el bien de la esperanza.

Carta

El aspereza, que el rigor del cielo
usa conmigo en soledad tan larga
llena de llanto, falta de consuelo,

hace que tenga por pesada carga,
la que por dulce vida un tiempo tuve,
y ahora me parece muerte amarga.

Mientras con la esperanza me entretuve,
y al corazón de tu favor hambriento
con la palabra dada, y fe mantuve,

viví, señora, con algún contento,
llevando el gusto de uno en otro engaño,
causa del mal que ahora paso, y siento.

Porque llegado el duro desengaño,
cuanto fue en mí mayor la confianza,
fue mayor la ocasión del grave daño.

Nunca pude entender que en esperanza,
que fue engendrada en tan divino pecho
pudiera haber un punto de mudanza.

Algunas ocasiones lo habrán hecho,
que siempre el hado que en mi mal se en-
saya
busca mi daño, aparta mi provecho.

O porque esta desierta, y seca playa
no debe ser merecedora, y digna,
que tanto bien en sus riberas haya.

¿Que fuera ver esa beldad divina
adornado este soto, y su ribera
con esa luz a quien el Sol se inclina?

Viéramos en invierno primavera,
y el seco, estéril, y agostado estío
de flores coronado se ofreciera.

Duélete el ecesivo dolor mío,
y ver que con mi triste, y lamentable
llanto crecen las aguas deste río.

Cumple divina Ninfa la inviolable
palabra, que me diste, que no pienso
que pueda haber en ti cosa mudable.

Ven ya ¡Célida mía! y del inmenso
mal que padezco (si te agrada, y place)
la ocasión sentirás más por extenso.

Y si esta tierra no te satisface,
satisfágate esta alma donde vives,
que en tierno llanto el corazón deshace:

Y si en otro lugar gusto recibes
que venga haber efecto este concierto,
¿por qué razón señora no lo escribes?

Quién estuviera satisfecho, y cierto
de un sí, que en esa boca tanto vale,
que basta dar la vida a un hombre muerto.

Si el fuego vivo, que del alma sale
a tu valor, y gran merecimiento,
sin ser posible quieres que se iguale,

Ya ha hecho lo que puede el pensamiento,
pues se subió hasta abrasar las alas
en la esfera del más alto elemento.

No eres tú, Ninfa, la Belona, o Palas
cuyo propio ejercicio es hacer guerra,
que en la divinidad sola le igualas:

Eres ángel, o dama, en quien se encierra
el valor, discreción, y hermosura,
que puede desearse acá en la tierra:

Mas no vivas contenta, y tan segura
con ser en suma perfección hermosa,
que eceda a la prudencia, y la cordura:

Porque eres obligada a ser piadosa,
y ese don que te dio naturaleza
no usarlo siendo tibia, y desdeñosa:

Que pasa el tiempo al fin por la belleza,
y a veces suele dar cruel venganza
del rigor, el desdén, y la aspereza.

Y la que de belleza más alcanza
ha de considerar, que está sujeta
a su costumbre, y natural mudanza:

No hay perfección de dama tan perfecta
que contra el tiempo pueda ser constante
que todo lo aniquila, y lo sujeta.

Llega la enfermedad, y en un instante
la divina beldad deshace, y borra
de la más libre, altiva y arrogante.

Que es de tal condición, que no se ahorra
con blancas manos, ni cabellos de oro,
por más que en su favor la suerte corra:

Pues ya el dulce parlar, y aquel tesoro
del cuello altivo, y cristalina frente,
con que a la gravedad guarda el decoro,

La fina grana, y el ebúrneo diente
los dos carbuncos, y aguileña plata,
los claros rayos del dorado Oriente,

Por todo pasa, y todo lo arrebata,
y si en flor no lo coge su fortuna,
la antigüedad del tiempo lo maltrata.

Así, señora, que si cosa alguna
no puede ser que sin mudanza viva
en cuanto está debajo de la Luna,

Cordura me parece que la altiva,
y vana presunción se deje aparte
el desdén fiero, o condición esquiva.

Y no quieras tener el avisarte
por libertad, y atrevimiento loco,
que no ha sido mi celo disgustarte:

Mas es materia general, que toco
en que las diosas Venus de la fama
se vienen deslizando poco a poco.

¿Por cuanto no querrá la grave dama,
que desdeñó al galán por vanagloria
viéndolo arderse en su divina llama,

Que de sus daños lleva la vitoria,
cuando la venga a ver marchita, y seca,
y lo pasado traiga a la memoria?

Bien se yo, que si en este caso peca
todo el universal de damas junto,
esta costumbre en ti se muda, y trueca,

Que tu ser, y valor puesto en su punto
te obliga a ser benigna, afable, y mansa,
y no tirana a un corazón difunto.

Con la imaginación desto descansa
el alma triste que contigo llora,
y en la furia mayor su llanto amansa.

Yo quedo cierto, y satisfecho ahora,
que tengo de gozar tu alegre cara
que al fin darás la vida a quien te adora,
y en servirte una vida, y mil gastara.

Canciones

1 Tierno pimpollo, nueva y fértil planta
cultivada en el suelo,
que en breve espacio se levanta al cielo,
oye un pastor que canta
¡Célida mía!, del virgíneo coro
honra, luz, y tesoro,
y al son de tu belleza
muestra de su zampoña la rudeza.

Del sacro bando de la blanca diosa
la escuadra bella, y casta,
que en virtud, y nobleza el tiempo gasta,
la guirnalda olorosa
por mi rústica mano te presenta,
para que el mundo sienta
que aún siendo flor muy tierna,
tu virtud, y valor te hace eterna.

Al son de tu dulcísima armonía
dejó el arco, y aljaba
la ilustre diosa, que en la caza andaba:
quedó su compañía
a tu cantar atónita y suspensa,
de la belleza inmensa,
de la gracia extremada,
envidiosa, contenta, y admirada.

Si el sacro Apolo a Dafne fue siguiendo
incitado y movido

de la belleza, que en el cuerpo vido,
tu hermosura viendo,
la luz del rostro que a la suya excede,
y la virtud que puede
enriquecer mil almas
no se adornara con laurel, ni palmas.

La clara voz que del Ebúrneo cuello
sale hiriendo el aire
con dulce son, y angélico donaire,
el instrumento bello
de piedras finas del dorado Oriente,
tocado blandamente
de la nevada mano
¿al Dios de Delo no dejara insano?

Y más si viera el instrumento amado,
de que se aprecia Apolo
haber sido inventor primero y solo
desenvuelto, y tocado
con tal aire, destreza, y subida arte,
sin duda fuera parte
para dejar las suyas,
y andar siguiendo las pisadas tuyas.

Viera después por las espaldas suelto
el oro más subido,
cual esparcido al viento, y cual cogido
en sutil velo envuelto:
el semblante, el aseo, y la elegancia,
que en la primera infancia
pudo dar claro ejemplo

a las Vestales del sagrado templo.

Y en suma la virtud que el alma adorna
mientras más, y más crece
en los floridos años, más parece
que al primer tronco torna:
que de tan ecelente y gran sujeto
tan limado y perfeto
es justo que se entienda,
que había de salir tan alta prenda.

Mas la dureza de que está vestido
tu tierno, y blanco pecho,
que tiene en llanto mi vivir deshecho,
cansado, y consumido,
tu cuerpo y alma desadorna tanto,
que pone al mundo espanto
ver, que tanta belleza
sustente junto a sí tal aspereza.

Canción, cuando el valor de mi señora
cantes en su presencia,
acuérdale mi mal, y su inclemencia.

2

Ahora puedes en mi sangre viva
ejecutar de tu rigor la furia,
inexorable hado,
antes que el cuerpo helado
de los ásperos golpes de tu injuria
rendido caiga en sepultura esquiva:
y a la hambre ecesiva,
que tienes de mi ofensa,
le falte la materia
faltando la miseria,
do se entregaba sin hallar defensa,
harta tu saña inmensa
antes que tantas penas
cuajen la sangre en las heladas venas.

Atiza, abrasa, anega un tierno pecho
el aire, el fuego, el agua en un instante,
traga, derriba, atierra
tiempo, fortuna, y tierra
al más altivo espíritu arrogante,
y a mí, que en tierno llanto estoy deshecho
con cuánto mal me han hecho,
ni tiempo, ni fortuna,
ni el viento, y viva fragua,
ni la tierra, ni el agua
ni todas las estrellas una a una,
han sido parte alguna,
para en tan largos años
dar un remate a mis terribles daños.

Que el justo cielo de tan gran dureza
engaste, y cubra un corazón humano,

son obras ordinarias
con intenciones varias,
porque las ecelencias de su mano
muestran su perfeción con extrañeza:
mas que en tanta entereza
conserve sus hazañas,
y que el tiempo no pueda,
ni la mudable rueda
mudar jamás tan sólidas entrañas,
son obras más extrañas,
en cuyo fundamento
se eclipsa la razón, y entendimiento.

Todo lo inferior está sujeto,
y a las causas mayores obedece,
mas destas causas ciertas
unas son descubiertas,
otras hay cuyo efeto se parece,
mas son ocultas para el más discreto:
aquí se ve un efeto
siendo la causa oculta,
de un pecho empedernido
jamás enternecido,
mas no hay saber, de que ocasión resulta,
que se encubre y oculta,
porque a mi mal tan fuerte
no se busque reparo en que se acierte.

Por todo pasa el tiempo presuroso,
y el brazo de Fortuna poderosa,
el uno, y otro instable
al bien, y al mal mudable,

ora en pena, y venganza rigurosa,
ora en blanduras, y favor piadoso.
Yo siempre temeroso
de mal tan obstinado
en discurso tan luengo
de un daño en otro vengo,
sin esperanza de mudar estado,
al centro derribado,
miserable, afligido,
sin poder ser de nadie socorrido:

Aquí me dan el áspero tormento
con fuertes cuerdas amarrado al potro,
contra mi rostro juntas
mil penetrantes puntas,
porque si me moviere a un lado, u otro,
halle donde se doble el sentimiento:
do el duro pensamiento,
verdugo, y carnicero
me aprieta con tal fuerza,
y hace confesar aunque no quiero
falso por verdadero:
y allí a terrible pena
por mi confesión propia me condena.

Luego me arrastra por peñascos duros,
y en dudosos caminos me aposenta,
donde tropiezo, y caigo,
con el peso, que traigo
de la imaginación que me atormenta
con escabrosos términos escuros:
Por pasos mal seguros

voy de una en otra roca,
do el destino me lleva
haciendo de mi prueba,
como hombre condenado por su boca.
¡Justa venganza, y poca,
para quien tan sin tiento
se va tras un confuso pensamiento!

Mas ¡ay!, que de su parte se declara
un juez elegido por mi gusto,
una potencia ciega,
que a tanto extremo llega,
que condena lo justo por injusto,
y en verdadero, o falso no repara:
si a la verdad más clara
la falsedad ecede,
y con falsa apariencia
demostración, y ciencia
hace, de lo que ser verdad no puede,
la voluntad concede,
que está a la mira puesta
para negar, y conceder dispuesta.

Vengo a llegar a tanto desvarío,
que a mi clara locura echando el sello
siento llegar mi plazo,
y con estrecho lazo
de desesperación echado al cuello
pienso acabar el grave dolor mío:
mas el libre albedrío
con la luz alumbrado
del claro entendimiento

me torna en un momento
al propio ser de mi primer estado,
libre, y desenredado
mientras la furia amansa,
descansa un rato, si mi mal descansa.

Y allí soltando la abundante vena
de lágrimas sangrientas de mis ojos,
cual caudaloso Nilo,
sin respeto distilo
la furiosa pasión de mis enojos
sujeto al mal, que mi fortuna ordena:
y si venganza enfrena
mis ojos algún tanto,
por parecer bajeza
dar muestras de flaqueza
un ánimo gentil con tierno llanto,
siento tan gran quebranto,
que el corazón deshecho
rompe a suspiros el cansado pecho.

Y así del fuego que se enciende, y arde
en mis entrañas, libremente dejo
correr el humor cálido
por el semblante pálido,
siquiera digan que en mi mal me quejo
de temeroso en la pasión cobarde,
o que es bien que se guarde,
el que valor profesa,
que no se sienta, o vea
apariencia tan fea,
ya que el dolor, y la pasión confiesa:

mas ya que el llanto cesa
contra el cielo enemigo
suelto la enferma voz al aire, y digo:

Cielo inhumano, de mi bien verdugo,
sordo a la ronca voz de mi querella,
si a la muerte me emplaza
la espantosa amenaza,
y aquel rigor de tan malina estrella,
como en mi origen decretar te plugo,
¿deste pesado yugo
cuándo podré librarme?
Socorre ya el partido
de un ánimo ofendido,
con darme presta muerte, o remediarme:
mas en vano es quejarme,
que ni podrá valerme,
ni el mal se hallará sin ofenderme.

Canción, si acaso fueres condenada
por dudosa y confusa,
di, que en mis grandes males esto se usa.

3 Si en esa clara luz pura y serena,
y el grave movimiento
del corazón altivo gobernado,
para mi amarga pena
puede caber un breve sentimiento,
y haber un corto espacio reservado,
los ojos del cuidado,
Célida mía, con piedad revuelve
al mal que tú hiciste,
y a esta vida tan triste
que poco a poco en muerte se resuelve,
que así iré satisfecho
con haber declarádote mi pecho.

El blanco tuyo, que a la nieve ecede
en hielo, y en blancura
si tocare el ardiente Mongibelo
que en mis entrañas puede
hacer piadosa al áspide más dura,
y abrasar lo más húmido del suelo,
no con tan presto vuelo
la ligera paloma en su elemento
fuera suelta, y movida,
cuanto tú enternecida
de mi ecesiva pena, y mi tormento.
Mas mi fortuna esquiva
quiere que sin favor, y amando viva.

No de aspereza ni desdén furioso
en corazón helado,
ni de elevado espíritu pujante,
soberbio, y desdeñoso,

de un alma altiva, y pecho levantado,
libre entereza, o condición constante,
nació la penetrante
llaga, que el pecho, y alma así me aprieta,
ni el rigor fuera parte,
para que de alguna arte
jamás se viere a tanto mal sujeta,
que el desdén de la dama
si en otro enciende, apaga en mí su llama.

Nació mi mal de un amoroso trato,
sincero, afable, y puro,
y un alma blanda de esperanzas llena,
de un conversable
bastante a enternecer el reino oscuro
de los que gimen con eterna pena:
que lo que me condena
a grave desventura, y llanto eterno,
es, que en esta jornada,
la triste alma engañada
fue con halagos como niño tierno,
hasta tener la presa,
habiendo tantas en la misma empresa.

Testigos fueron tus serenos ojos,
y mano cristalina
que del pecho arrancó mi amada prenda,
cuan sin pena, y enojos
a tu reverberante luz divina
el alma se rindió, y cuán sin contienda
sacrificio, y ofrenda
hizo de sí con todo el resto junto:

y tú por mi descanso
con rostro alegre, y manso
me ofreciste tu fe en el mismo punto.
Mas ella está ya muerta,
y en mí el amor, la fe, y alma despierta.

Más bien merezco mi tormento, y daño,
pues al primer encuentro
sin hacer movimiento, ni defensa,
ni mirar que el engaño
estar pudiera solapado dentro,
tan fácilmente concedí en mi ofensa.
Mas no con tan inmensa
furia batiendo el ala por el aire
hirió el venéreo infante
a aquel Dios arrogante,
que del arco, y carcaj hizo donaire,
cuanto la flecha de oro
en mi alma estampó el nombre que adoro.

Allí quedó la libertad rendida,
y dello satisfecho
con tus blandas lisonjas sustentaba
esta cansada vida,
por quien voy a la muerte más derecho,
que al mar la tempestad terrible y brava:
de quien sin pena estaba
libre, y fuera del duro cautiverio,
y entregó la preciosa
libertad, a la odiosa
sujeción, y poder de ajeno imperio,
mal vivirá sin gusto

no viendo cosa que le venga al justo.

Cuando me considero en este estado
miserable, afligido
de tantos males, y pesares lleno,
confuso, y atajado,
vergonzoso me hallo, y muy corrido,
no por el mal rabioso con que peno,
mas porque el tiempo bueno,
que en dulce libertad gocé algún día,
nunca tomé escarmiento
del áspero tormento,
que a mil amantes padeciendo vía,
teniendo su acidente
por gusto suyo, y fábula a la gente.

Y agora a mi pasar permite el cielo
que la pura experiencia
venga a mostrar en mi cabeza ejemplo,
más nunca sin recelo
viví jamás desta cruel dolencia,
que si el principio con razón contemplo,
y el grave dolor templo,
hasta que cese la pasión un tanto,
en aquel punto mismo
con el hondo abismo
se oyó de la corneja el triste canto:
y hacia el horizonte
aullar las Ninfas sobre el alto monte.

Un helado temor fue por mis venas
entrándose al momento,

y un pálido color al rostro vino,
mis fuerzas sentí ajenas,
y en los miembros un grave cortamiento,
un ardor en el pecho repentino:
porque de aquel divino,
y no pensado encuentro alborotada,
la sangre huyó luego
al corazón, y el fuego
poseyó lo mejor en la estacada:
el resto frío helado
quedó sin sangre atónito elevado.

Mas luego respirando poco a poco
volví a mi ser primero,
el aliento perdido recobrando
contento, y casi loco
de un sospechoso gusto mal entero,
y en el cuerpo la carne palpitando:
de aquí fue mejorando
por pocos días mi dichosa suerte,
mas luego desta gloria
se acabó la memoria
en breve espacio para larga muerte:
que en tu condición dura
conocí tu aspereza, y mi ventura.

Canción si te pidiere alguno cuenta
de cómo vas, o adónde,
no le respondas más, que me responde.

Égloga de Liseo

Al tiempo que la clara luz hermosa
de oscuridad destierra el accidente,
y las doradas flores
esparcen por el campo mil olores,
el blanco lirio, y la purpúrea rosa,
el aura fresca lleva blandamente
los acentos suaves
de las parleras aves,
junto a un arroyo sosegado, y lento
todo recibe general contento
con el rocío de la blanca aurora,
solo Liseo llora
con tal tristeza, y encendido llanto,
que a la más tibia, y más cruel pastora
enterneciera, o la moviera a espanto.

Luz de mi alma, a quien ausente adoro,
y por quien me da vida la memoria
con la esperanza triste,
que en la imaginación sola consiste,
¿Quién mirará los crespos lazos de oro
que un tiempo fueron de mi infierno, gloria,
y el estrellado cielo,
adonde sin recelo
tocó mil veces mi atrevida mano,
y el angélico rostro soberano
de fatigado espíritu reposo?
¿Quién será tan dichoso,
que ver merezca el cristalino pecho,

y el divino semblante milagroso,
por quien en vivo llanto estoy deshecho?

¿Quién tocará la alabastrina, y pura
mano, principio de la muerte mía?
La sonorosa, y clara
voz con la lengua en ecelencia rara,
que con gobierno, y celestial cordura
hiere el aire en dulcísima armonía,
¿a quién habla, y responde?
¿O en qué cielo se esconde
quien tuvo mis orejas tan suspensas?
Célida mía, ¿en qué ejercicio piensas
que se entretiene el alma de tu amante,
sino en poner delante
estas reliquias de memoria amarga,
para que a veces llore, a veces cante
de tu belleza, y mi pasión tan larga?

Del punto en que comienza el sacro Apolo
a dar color con su presencia al mundo,
y las flores matiza
del carmín, jalde, y de la azul ceniza,
con mis pasiones miserable, y solo
comienzo yo con un pensar profundo,
a imaginar, si acaso
del fuego, en que me abraso
te acordarás, y desta ausencia avara:
¡Ay dulce España, ay dulce patria cara!
Con estas cosas me macero, y canso,
pero luego descanso
con fingirme, que gozo en tu presencia

del regalado trato, afable, y manso,
que dio salud a mi mortal dolencia.

Luego me sobreviene un pensamiento
contrario, que me arroja al hondo abismo,
que en tu gloria serena
no hay accidentes de tormento, y pena,
quiero decir, que en quien el firmamento
repartió tanta parte de sí mismo,
es razón que no entienda
mudanza de tormenta,
el aspereza de calor, ni invierno;
con esto vuelto al sentimiento tierno,
yo mismo a nuevas muertes me sentencio,
porque luego el silencio
de la espantosa noche le sucede,
do en solo el padecer me diferencio,
no en más ni menos, porque ser no puede.

En un instante con pensar me alegro,
que el rigor, y aspereza de Saturno
será menos esquiva
con la memoria de tu imagen viva,
que cuando viene el velo oscuro, y negro
se representa en el callar nocturno,
y más viva parece:
Tras esto se me ofrece
aquella noche tan serena, y clara,
en que el lucero ardiente de tu cara
dio luz al mundo por oír mi canto,
y no te lo levanto,
que oyendo mi zampoña, y verso rudo

el de Tracia dijiste, que en su tanto
pudiera estar en mi presencia mudo.

Mas no puedo durar en este engaño
tanto, que aplaque mi furor su fuerza,
porque luego revuelve
el cuidado, que en nada se resuelve,
y mostrándome al ojo el desengaño
el claro devaneo allí me fuerza,
a desear de nuevo
la luz, con quien me elevo
oyendo el murmurar del claro arroyo,
donde las lamentables quejas oigo
del ruiseñor, y la calandria un poco,
a lagua, y hierba toco,
por ver si amansa mi encendida fragua,
mas son extremos, y pensar de loco,
que deste fuego, no es contraria el agua,

Pero con todo un poco me entretengo
con estos sauces, la frescura, y sombra
de tan diversa hierba
como naturaleza aquí conserva,
y en grande admiración de todo vengo:
De flores veo una bordada alfombra,
y el argentado, y puro
cielo jamás oscuro
alegremente el suelo ruciando,
los pajarillos a su son cantando
los verdes ramos, que menea el aire
al descuido, y desgaire
mírolo, y digo; a tan dichoso suelo,

aquella gracia, y celestial donaire
de mi señora lo tornará en cielo.

Esta es la vida, y miserable estado,
en que la ausencia por mi mal me ha puesto
de todo bien desnudo
el vivir puesto ya en el punto crudo,
do con la muerte me será forzado
abrazarme dejando todo el resto,
y a mi mal escondido
en el profundo olvido
por ser mi muerte en ocasión tan alta.
Célida mía, ya el vigor me falta,
otro nuevo tormento me recrece,
adiós, que ya se ofrece
el último remate a mi porfía,
y el aliento vital me desfallece,
adiós, señora, adiós Célida mía.

Adelante pasara el pobre mozo
con su cantar, si una mortal congoja,
que la virtud le mengua
no le trabara el corazón, y lengua,
que arrojando del pecho un gran sollozo
cayó en el suelo, y el aliento afloja,
hasta que dos amigos
de su pasión testigos
espantados del grave, y triste agüero
llorando al casi muerto compañero
en hombros a su choza lo llevaron,
donde le sepultaron
entre jazmines, rosas, y amaranto,

hasta que las congojas le dejaron,
y vuelto en sí, torno a su usado llanto.

Libros a la carta

A la carta es un servicio especializado para
empresas,
librerías,
bibliotecas,
editoriales
y centros de enseñanza;
y permite confeccionar libros que, por su formato y concepción, sirven a los propósitos más específicos de estas instituciones.

Las empresas nos encargan ediciones personalizadas para marketing editorial o para regalos institucionales. Y los interesados solicitan, a título personal, ediciones antiguas, o no disponibles en el mercado; y las acompañan con notas y comentarios críticos.

Las ediciones tienen como apoyo un libro de estilo con todo tipo de referencias sobre los criterios de tratamiento tipográfico aplicados a nuestros libros que puede ser consultado en Linkgua-ediciones.com.

Linkgua edita por encargo diferentes versiones de una misma obra con distintos tratamientos ortotipográficos (actualizaciones de carácter divulgativo de un clásico, o versiones estrictamente fieles a la edición original de referencia).

Este servicio de ediciones a la carta le permitirá, si usted se dedica a la enseñanza, tener una forma de hacer pública su interpretación de un texto y, sobre una versión digitalizada «base», usted podrá introducir interpretaciones del texto fuente. Es un tópico que los profesores denuncien en clase los desmanes de una edición, o vayan comentando errores de interpretación de un texto y esta es una solución útil a esa necesidad del mundo académico.

Asimismo publicamos de manera sistemática, en un mismo catálogo, tesis doctorales y actas de congresos académicos, que son distribuidas a través de nuestra Web.

El servicio de «libros a la carta» funciona de dos formas.

1. Tenemos un fondo de libros digitalizados que usted puede personalizar en tiradas de al menos cinco ejemplares. Estas personalizaciones pueden ser de todo tipo: añadir notas de clase para uso de un grupo de estudiantes, introducir logos corporativos para uso con fines de marketing empresarial, etc. etc.

2. Buscamos libros descatalogados de otras editoriales y los reeditamos en tiradas cortas a petición de un cliente.

www.ingramcontent.com/pod-product-compliance
Lightning Source LLC
La Vergne TN
LVHW101932220826
846093LV00009B/430

* 9 7 8 8 4 9 0 0 7 2 7 4 5 *